VIA DALLA PAZZA FOLLA

VIA DALLA PAZZA FOLLA

Il Disturbo Evitante di Personalità

Agata Privitera

ISBN-13: 9781797638331

Sommario

INTRODUZIONE

Il presente lavoro nasce dalla constatazione che alcuni disturbi psichiatrici sono quasi completamente sconosciuti ai più, e si propone di indagare in particolare la natura di uno di essi, il Disturbo Evitante di Personalità, e le sue rappresentazioni nella fiction. Tratta, inoltre, quella che può essere considerata una variante dello stesso disturbo, ovvero quel fenomeno che in Giappone viene chiamato Hikikomori.

Ho scelto di occuparmi di tali argomenti in quanto poco o per niente dibattuti, soprattutto in Italia, oltre che per ragioni strettamente legate alla mia esperienza personale, diretta e indiretta. Esperienza che è servita da "strumento" soprattutto nell'analisi dei *fictional characters*. Questo tipo di analisi, infatti, non può che essere basata su una personale interpretazione dell'autrice, *che non è un medico*.

L'opera è articolata in tre capitoli, di cui il primo è dedicato all'indagine del disturbo in termini propriamente psichiatrici e psicologici. Ne riporta dunque la classificazione e ne descrive la fenomenologia clinica nelle sue sfaccettate manifestazioni e forme; indaga alcune possibili cause; si propone di differenziare il disturbo da altri con sintomatologia simile, quali il Disturbo Dipendente di Personalità e la Fobia Sociale; indaga infine le strategie di trattamento e i principali aspetti sui quali occorre intervenire, da un punto di vista sia psicoterapico che farmacologico.

Il secondo capitolo descrive invece l'Hikikomori, "patologia sociale" nata in Giappone e diffusa principalmente nello stesso territorio, ma che va diffondendosi in tutto il mondo e che interessa ormai anche l'Italia, sebbene sia ancora poco conosciuta. Il capitolo indaga inoltre il contesto giapponese, fondamentale per capire le dinamiche del fenomeno, e sottolinea quelle che sono le risposte del popolo "sano" nei confronti dell'autoreclusione, vista come rifiuto di tutti i valori considerati più importanti nella cultura di riferimento, ma anche come fase evolutiva.

Infine, il terzo capitolo prende in analisi sette personaggi, protagonisti di opere letterarie e cinematografiche, che costituiscono esempi di soggetti evitanti e che, tuttavia, non vengono mai definiti tali.

Più che di *dimostrare* qualcosa, l'obiettivo è quello di *mostrare* concretamente comportamenti e pensieri tipici del DEP: comportamenti e pensieri che, come sottolineato nelle conclusioni finali di questo lavoro, da una parte vengono descritti e raccontati con una certa sapienza, dall'altra non vengono mai chiamati col loro nome.

1. IL DISTURBO EVITANTE DI PERSONALITÀ

La personalità di un individuo può essere considerata come l'insieme di diversi aspetti che gli appartengono:

- il temperamento, che ha base biologica e determina il modo in cui interagisce con il mondo;
- l'identità, che è una sua costruzione mentale interna e ha a che fare con il senso di continuità del sé nel tempo e nelle situazioni;
- gli affetti o emozioni;
- i meccanismi di difesa, che costituiscono il modo in cui l'individuo affronta gli stress[1].

I Disturbi di Personalità (DDP) consistono nella stabilizzazione di schemi comportamentali disfunzionali, che creano difficoltà sociali, occupazionali o in altre aree rilevanti della vita dell'individuo. Nella quinta edizione del Manuale diagnostico e statistico dei disturbi mentali (Diagnostic and Statistical Manual of Mental Disorder, DSM-5), i DDP vengono

---

1 Iero L., Di Pietro E., Franzoni E. (2012), Disturbi del carattere e della personalità. In: M. Ruggieri, E. Franzoni, *Neurologia e Psichiatria dello Sviluppo* (pp. 375-385). Vaprio d'Adda (MI): Elsevier.

definiti come modelli di esperienza, adattamento e relazione stabili nel tempo e pervasivamente disadattivi. Un Disturbo di Personalità è egosintonico e potrebbe essere inquadrato come una variante estrema dei tratti di base.

A partire dal temperamento dell'individuo, i Disturbi di Personalità portano al disadattamento tramite l'interazione continua tra elementi genetici e ambientali[2].

"In altre parole, un DDP è un'organizzazione di elementi intrapsichici che struttura l'ambiente interpersonale in modo tale da stabilizzare e mantenere i suoi aspetti più disfunzionali."[3]

1.1 Fenomenologia clinica

Il Disturbo Evitante di Personalità (DEP) è classificato all'interno del Cluster C, cioè tra i DDP caratterizzati da comportamenti ansiosi o paurosi e da scarsa autostima del soggetto. Procacci e Popolo paragonano i pazienti con DEP a "spettri in un mondo al quale non appartengono, dove assumono un ruolo di osservatore piuttosto che di attore"[4], sottolineando come l'esperienza di non appartenenza sia centrale nel mantenimento della dinamica del disturbo, in quanto gli stati mentali e i cicli interpersonali problematici rappresentano modi

---

2 Fossati A. (2002), Evoluzione, personalità, psicopatologia. In: C. Maffei, M. Battaglia, A. Fossati (a cura di), *Personalità, sviluppo e psicopatologia* (pp. 97-149). Roma-Bari: Laterza.

3 Dimaggio G., Semerari A. (2003), Il mantenimento dei Disturbi di Personalità: un modello. In: G. Dimaggio, A. Semerari (a cura di), *I disturbi di personalità Modelli e trattamento* (pp. 5-42). Bari: Laterza, p. 18.

4 Procacci M., Popolo R. (2003), Il Disturbo Evitante di Personalità: il dolore di non appartenere. In: G. Dimaggio, A. Semerari (a cura di), *I disturbi di personalità Modelli e trattamento* (pp. 295-325). Bari: Laterza, p. 296.

di reagire a questo tipo di esperienza.

I due autori descrivono la personalità evitante come caratterizzata da comportamenti quali:

- espressioni di inquietudine;
- condotte interpersonali avversive;
- immagine di sé alienata;
- rappresentazione dell'oggetto come vessatorio;

da meccanismi compensatori quali:

- abuso di fantasia per soddisfare desideri;
- ridotto controllo delle emozioni

e da umore angosciato.

Di fronte agli altri, il paziente con DEP si sente inadeguato, è inibito da un profondo timore dei giudizi negativi e prova ansia e vergogna. Nelle relazioni di gruppo si sente escluso, ma anche in quelle duali prova un senso di estraneità che può essere più o meno pervasivo[5].

Nel DSM-5 il Disturbo Evitante di Personalità è descritto come "un pattern pervasivo di inibizione sociale, sentimenti di inadeguatezza e ipersensibilità al giudizio negativo, che inizia entro la prima età adulta ed è presente in svariati contesti, come indicato da quattro (o più) dei seguenti elementi:

1. Evita attività lavorative che implicano un significativo contatto interpersonale per timore di essere criticato/a o rifiutato/a.

---

5 Procacci M., Semerari A. (1998), Il senso di non appartenenza e non condivisione in alcuni disturbi di personalità: modello clinico e intervento terapeutico. In: «Psicoterapia», 12, pp. 39-49.

2. È riluttante a entrare in relazione con persone, a meno che non sia certo di piacere.
3. Mostra limitazioni nelle relazioni intime per timore di essere umiliato/a o ridicolizzato/a.
4. Si preoccupa di essere criticato/a o rifiutato/a in situazioni sociali.
5. È inibito/a in situazioni interpersonali nuove per sentimenti di inadeguatezza.
6. Si vede come socialmente inetto/a, personalmente non attraente o inferiore agli altri.
7. È insolitamente riluttante ad assumere rischi personali o a impegnarsi in qualsiasi nuova attività, poiché questo può rivelarsi imbarazzante"[6].

Procacci e Popolo lo definiscono un disturbo dell'intimità, in cui il desiderio di stringere relazioni è forte e profondo, e tuttavia ostacolato dal senso di esclusione. Ne consegue la tendenza a evitare i rapporti interpersonali; in altre parole la fuga.

Il timore dei giudizi è fomentato dal deficit di decentramento: l'evitante è incapace di leggere i comportamenti altrui se non come svalutanti, perché non riesce a formulare ipotesi alternative. Il bisogno di affetto è accompagnato da una costante paura del rifiuto, che porta a ritirarsi in una dolorosa solitudine.

Un ruolo importante è quello delle disfunzioni metarappresentative; in particolare, il paziente con Disturbo Evitante di Personalità avrebbe tipicamente un deficit di identificazione – cioè difficoltà a riconoscere le componenti dei propri stati mentali – e di decentramento, e sarebbe incapace di

---

6 American Psychiatric Association (2013), *Diagnostic and Statistical Manual of Mental Disorders*, (DSM-5), V ed. Washington DC: APA Press (Trad. it., *Manuale diagnostico e statistico dei disturbi mentali*, V edizione. Varese: Raffaello Cortina, 2014), p. 779.

collegare le variabili dei propri stati mentali con altre variabili ambientali. In molti casi l'evitante non è in grado di descrivere i propri stati mentali né le motivazioni che stanno alla base dei suoi comportamenti.

Nei momenti di maggiore malessere, il DEP è completamente autocentrato: si concentra sul proprio disagio ignorando l'ambiente, di cui coglie solo i giudizi (reali o percepiti che siano). Tale egocentrismo gli impedisce di riconoscere quegli aspetti ambientali che potrebbero cambiare la sua prospettiva e correggere i pensieri disfunzionali. "Il senso di inadeguatezza diventa, sotto forma di giudizio negativo, il contenuto attribuito alla mente degli altri."[7] Tipica degli evitanti è infatti la tendenza a evitare lo sguardo altrui, percepito come giudicante e minaccioso.

Alcuni DEP vivono come trauma il distacco da un ambiente familiare molto rassicurante e il confronto con il resto del mondo[8]. Altri autori associano invece questo tipo di difficoltà ad un ricordo non gratificante delle prime relazioni significative. Millon ha rilevato un collegamento significativo tra lo sviluppo del DEP e l'aver avuto genitori rifiutanti o, più in generale, relazioni familiari prive di calore affettivo[9].

I pazienti con DEP hanno un'autostima molto bassa e un giudizio negativo confermerebbe la loro convinzione di essere difettosi e non degni d'amore. Quando la capacità di monitoraggio – ovvero di riconoscere gli stati interni – è molto scarsa, il paziente non riesce a entrare in contatto con le proprie emozioni. Ciò lo rende opaco non solo agli occhi altrui, ma anche a se stesso.

Non è possibile stabilire quale, tra bassa autostima e non

7   Procacci M., Popolo R. (2003), *op. cit.*, p. 304.
8   Ivi.
9   Millon T. (1991), Avoidant personality disorder: a brief review of issues and data. In: «Journal of Personality Disorders», 5, pp. 353-362.

appartenenza, sia la causa e quale l'effetto: alcuni pazienti raccontano come prevalente il senso di non appartenenza; altri lo fanno dipendere dalla propria presunta inferiorità o diversità, spesso attribuita a deformità o difetti fisici vissuti come qualcosa di immutabile e che determina senza via di scampo una separazione dalle altre persone.

L'emozione centrale nel DEP è la vergogna: le situazioni sociali devono essere evitate perché è proprio lì che le inadeguatezze sono esposte sotto gli occhi di tutti[10].

Il soggetto evitante adotta strategie di *coping* che a loro volta perpetuano il disturbo: l'evitamento sociale accresce il senso di alienazione e solitudine, riduce il numero di esperienze e la possibilità di realizzare obiettivi; i comportamenti sospettosi respingono gli altri; lo stile timoroso rende il soggetto un facile bersaglio di umiliazioni che a loro volta peggiorano ulteriormente la sua autostima. In ogni caso, l'ipersensibilità alle critiche spinge il soggetto a cercarne ovunque, fino al punto in cui sente di essere percepito da tutti come difettoso, il che aumenta l'angoscia e il senso di inadeguatezza.

A livello cognitivo, il soggetto evitante si difende distorcendo le informazioni, scomponendo i pensieri che diventano vaghi e confusi, e perdendo di conseguenza il contatto con la realtà e con i propri stessi sentimenti.

Procacci e Popolo distinguono due situazioni prototipiche.

I pazienti con minore penetranza metarappresentativa si percepiscono come estranei, diversi, e in questo caso la distanza interpersonale è reciproca.

L'evitante è in questo caso, almeno in apparenza, distaccato e indifferente alle persone che lo circondano. È impacciato e comunica con fatica; le sue relazioni, se presenti, non sono mai intime. A loro volta, gli altri lo percepiscono come distaccato e hanno difficoltà a stabilire un contatto. L'evitante non è in grado di percepire la difficoltà altrui; sente però l'impossibilità di avere

---

10 Procacci M., Popolo R. (2003), *op. cit.*

una vita relazionale e affettiva perché si vede allontanato dagli altri. A causa del deficit metarappresentativo non si rende conto che è il proprio atteggiamento impacciato a impedire l'avvicinamento reciproco. Questo tipo di evitante ricerca sollievo nella solitudine. È privo di abilità sociali, non solo per mancanza di esperienza, ma anche a causa dei fallimenti metarappresentazionali nella comunicazione. Il soggetto non capisce gli altri e non ha idea di come interagire con loro. La solitudine si mostra come una soluzione a questa difficoltà, ma solo momentaneamente; infatti viene presto riempita rimuginando e fantasticando, immaginando realtà alternative, a volte dedicandosi ad attività solitarie come la lettura o il collezionismo, in cui l'evitante trova gratificazione; tuttavia, quando si rende conto che ciò è un segno della sua incapacità di vivere una vita normale, si deprime, e la tendenza all'isolamento incrementa la vulnerabilità alla depressione[11].

I pazienti con maggiore penetranza metarappresentativa, invece, si percepiscono più come inadeguati, e perciò giudicati negativamente e rifiutati. Il confronto porta spesso a una perdita di autostima e può condurre a depressione[12]. Questi evitanti rappresentano, esasperate, condizioni che tutti viviamo quando non ci sentiamo all'altezza di una determinata situazione. Risultano introversi e sensibili, facili all'imbarazzo e alla vergogna, solitari. Si sentono inadeguati anche a causa di ricordi legati all'infanzia e vissuti come umilianti.

Nelle relazioni umane questo tipo di evitante è dominato dal timore e dall'ansia, dalla paura di perdere il controllo e di vedere realizzata la propria temutissima esclusione da parte degli altri.

11 Alnaes R., Torgersen L. (1997), Personality and personality disorders predict development and relapses of major depression. In: «Acta Psychiatrica Scandinavica», 95, pp. 336-342.
12 Procacci M., Magnolfi G. (1996), Il disturbo di evitamento di personalità: modello clinico e trattamento. In: «Psicoterapia Cognitiva e Comportamentale», 2, 3, pp. 67-79.

Nella vita affettiva la dinamica è la stessa, semmai la sofferenza emotiva è ancora maggiore. Il contatto con gli altri è fortemente desiderato ma poi mancato, il che causa dolorosi sentimenti di vuoto e solitudine. A volte questo evitante può ripiegare sull'abuso di sostanze o alcool per alleviare il dolore, soluzione che può vivere però anche come conferma della propria debolezza. Possono esserci fantasie su una realtà opposta, in cui il soggetto è socialmente abile e intraprendente: fantasie realizzabili nella realtà quando l'evitante entra nello stato di rivalsa narcisistica.

Anche in questo caso l'evitante è autocentrato, soprattutto nel tentativo di controllare le emozioni di ansia e imbarazzo. L'incapacità di farlo, d'altra parte, è legata proprio all'impossibilità di assumere una prospettiva decentrata. Questo evitante si allontana dalle persone e dalle relazioni perché, negli altri, cerca solo smentite alla propria inadeguatezza, smentite che non ottiene. Le abilità sociali non sono assenti ma inibite dall'evitamento. "L'evitante saprebbe raccontare al suo diario i propri sentimenti, ma non comunicare a parole la dolorosa difficoltà del vivere con gli altri."[13]

Può essere aggiunto un terzo modello prototipico, che caratterizza soggetti evitanti che si ritrovano calati, magari da anni, in relazioni o situazioni sociali che non sono in grado di gestire. All'interno della relazione risultano infatti distanti e coinvolti solo parzialmente. Vivono il rapporto con l'altro come un'intrusione e sentono il bisogno di proteggersi. Questi evitanti appaiono silenziosi e solitari, disinteressati a ciò che li circonda. Avere a che fare con gli altri è per loro un obbligo e un'ingiustizia, a cui rispondono con rabbia. Il sottrarsi rabbioso, quando presente, sottopone il soggetto al giudizio altrui, aumentando così il senso di esclusione e inadeguatezza.

---

13 Procacci M., Popolo R. (2003), *op. cit.,* p. 322.

1.2 Diagnosi differenziale

Spesso le personalità evitanti mostrano nella loro storia una dipendenza dal nucleo familiare. Non è rara infatti la compresenza di DEP e Disturbo Dipendente. Per paura del rifiuto e della solitudine, l'evitante si attacca con forza e in modo disfunzionale alle rare persone con cui riesce a stabilire una relazione: si annulla e le asseconda per evitare il rifiuto, il che genera o alimenta la rabbia e la frustrazione[14]. A distinguere l'evitante dal dipendente è il ritiro sociale[15].

Più in generale, come notano Procacci e Popolo, nelle situazioni sociali l'evitante adopera l'etero-regolazione degli scopi, ovvero si adatta a quello che fanno gli altri, comportamento funzionale a proteggerlo dal rifiuto e dall'esclusione. Ma anche in questo caso la partecipazione al gruppo è solo formale e le scelte altrui sono vissute come imposte: l'evitante si sente incapace di dire di no e non sa come destreggiarsi tra la costrizione e la paura della solitudine. Ciò alimenta l'immagine di sé come debole e peggiora quindi l'autostima.

La regolazione delle scelte è ancora più difficile nei rapporti duali, ed è allora che l'evitante si arrende e abbandona in favore di attività solitarie e più gratificanti – almeno momentaneamente – o che si rifugia nel mondo della fantasia.

In alcuni casi è possibile anche che la rabbia e il senso di ingiustizia subita conducano a stati rivendicativi o di rivalsa narcisistica.

Il DEP viene spesso confuso con la più conosciuta Fobia Sociale (FS) perché condivide caratteristiche salienti anche con quest'ultima: il senso di inadeguatezza, la bassa autostima, la

---

14 Perris C. (1993), *Psicoterapia del paziente difficile*. Lanciano: Métis.
15 Millon T. (1991), *op. cit.*

17

paura del rifiuto, l'evitamento sociale[16]. Tuttavia nell'evitante la bassa autostima è mantenuta dal senso di estraneità nelle relazioni; nel fobico è legata all'esito della prestazione e alle valutazioni ricevute dagli altri.

Il deficit di monitoraggio metarapprensentativo caratteristico del Disturbo Evitante è assente nella fobia sociale. Ecco perché il DEP risponde al disagio con l'evitamento, mentre il FS è capace di adottare strategie di *coping* più funzionali. In più, il FS non ha in genere problemi nello stringere relazioni o appartenere a un gruppo.

1.3 Trattamento

"Il miglioramento della qualità della vita è strettamente legato a quello delle funzioni metarappresentative."[17]

La sofferenza caratteristica dei Disturbi di Personalità dipende da pattern mentali ricorrenti in cui rappresentazioni, stati fisici ed emozioni dolorose e difficili da controllare si associano in maniera stabile. Tali stati dolorosi non trovano compensazione, in quanto quelli positivi sono scarsi o del tutto assenti. Sebbene i manuali diagnostici collochino l'insorgenza dei DDP nella prima età adulta, diversi pazienti con grave ritiro sociale ricordano di aver cominciato a isolarsi molto tempo prima. La difficoltà metarappresentativa può dunque dipendere da un'esperienza sociale effettivamente limitata e dalla mancata acquisizione di informazioni utili. In questo caso, spingere il

---

16 Dahl A.A. (1996), The relation between social phobia and avoidant personality disorder, workshop report 3. In: «International Clinical Psychopharmacology», 11, 3, pp. 109-122.

17 Conti L., Semerari A. (2003), Linee generali di trattamento dei Disturbi di Personalità. In: G. Dimaggio, A. Semerari (a cura di), *I disturbi di personalità Modelli e trattamento* (pp. 77-104). Bari: Laterza.

paziente verso un maggiore inserimento sociale senza avergli fornito gli strumenti necessari rischia di esporlo a situazioni che non è in grado di gestire e che comporterebbero per lui dolore e umiliazione ulteriori.

Inoltre, il miglioramento delle funzioni metarappresentative è insieme obiettivo strategico della terapia (miglioramento stabile e generalizzato) e precondizione della sua efficacia (miglioramento transitorio necessario alla riflessione all'interno della singola seduta): l'intervento non può infatti produrre risultati se il paziente non è in grado di rappresentarsi i suoi stati mentali e farne oggetto di riflessione. Il ripetersi delle sedute, e dunque l'esercizio di tale capacità, è funzionale al conseguimento dell'obiettivo strategico[18].

Gli schemi interpersonali basati sull'idea di essere inferiori e inadeguati e la difficoltà a identificare gli stati interni possono produrre una tendenza al distacco e rendere molto difficile il dialogo anche con il terapeuta. Se il paziente non riconosce gli stati di sofferenza emotiva, naturalmente, non sarà nemmeno in grado di comunicarli e condividerli. Ecco perché il terapeuta avrà bisogno di impiegare grandi dosi di intuito e di pazienza per poter ricostruire i racconti del paziente.

L'evitamento nasce come strategia di controllo del disagio causato dal contatto con l'altro e, se il paziente non riesce a comprendere questo nesso, sarà impossibile promuovere comportamenti più funzionali.

Altro aspetto su cui intervenire, altrettanto importante, è la capacità di decentramento. Se questa non migliora, infatti, le intenzioni altrui saranno sempre fraintese, percepite come giudicanti e, pertanto, produrranno o fomenteranno cicli interpersonali che aumentano il senso di inadeguatezza e di non appartenenza. La corretta gestione dei cicli dovrà essere quindi il primo obiettivo nella parte iniziale della terapia, prima ancora che il paziente si renda conto dei propri processi disfunzionali: il

---

18 Ivi.

terapeuta è infatti un estraneo per lui e, in quanto tale, potrebbe essere percepito a sua volta come critico e giudicante.

Una tecnica specifica per l'acquisizione dell'abilità di decentramento è il disegno dello spazio mentale: quando il paziente riferisce un episodio in cui si è sentito giudicato o minacciato, viene invitato dal terapeuta a disegnare un cerchio che rappresenti lo spazio mentale dell'altra persona, indicare lo spazio in cui quest'ultima lo tiene in considerazione e, allo stesso tempo, riempire il cerchio con gli altri interessi, pensieri ed emozioni della persona in questione. Questo esercizio risulta spesso utile all'evitante per rendersi conto di non occupare tanto spazio nella considerazione dell'altro, e di avergli attribuito pensieri propri[19].

La sensazione di lontananza ed estraneità emerge sin dai primi colloqui, ma difficilmente si può evincere dalla narrazione del paziente; più che altro è vissuta dal paziente e trasmessa in modo inconsapevole. Il terapeuta dovrà lasciarsi guidare allora non dai contenuti verbali dei racconti, ma dall'esperienza vissuta durante la seduta.

Il fine ultimo della terapia sarà la costruzione di abilità sociali e il padroneggiamento degli stati mentali problematici. Il riconoscimento di questi ultimi non sarà rapido e richiederà continue ricostruzioni di quanto emerso nel corso delle sedute precedenti, che il terapeuta dovrà riprendere utilizzando una terminologia condivisa con il paziente (ad esempio possono essere attribuiti nomi specifici a ogni stato mentale identificato). Questo è utile a fissare il ricordo e a favorire il riconoscimento degli stati mentali.

È importante inoltre che il terapeuta presti attenzione ai momenti di attivazione emotiva del paziente e che glieli faccia

---

19 Dimaggio G., Procacci M., Semerari A. (1999), Deficit di condivisione e di appartenenza. In: A. Semerari (a cura di), *Psicoterapia cognitiva del paziente grave. Metacognizione e relazione terapeutica* (pp. 231-280). Milano: Raffaello Cortina.

notare, invitandolo a usare man mano termini più specifici per definire gli stati emotivi. Comunicare le proprie emozioni agli altri, infatti, non solo può migliorare le relazioni, ma soprattutto rende l'evitante consapevole del legame tra gli stati mentali e le relazioni interpersonali. Ciò è necessario perché, anche quando gli evitanti riferiscono emozioni di paura, non riescono comunque a collegarle ai contesti e non capiscono che cosa sia a generarle. Le emozioni giungono inaspettate e alimentano il senso di perdita di controllo, che spinge all'evitamento come unica strategia possibile. Solo una volta che il paziente è in grado di ricostruire i nessi tra variabili relazionali ed emotive può avere senso mostrargli i circuiti disfunzionali.

Associando i fenomeni e decentrandosi, l'evitante può darsi spiegazioni alternative a quelle abituali e disfunzionali che alimentano il suo senso di inadeguatezza e trovare fiducia nel cambiamento. È necessario che il paziente si renda conto delle proprie immagini anticipatorie e dell'effetto che esse hanno sui suoi stati d'animo, ma questo avviene in genere in fasi avanzate della terapia, oppure in pazienti meno deficitari.

A poco a poco, il paziente dovrà comprendere che i suoi frequenti stati di tristezza sono collegati proprio alle strategie che ha scelto per difendersi, cioè all'evitamento e alla solitudine.

Ma, anche quando il paziente ha sviluppato la capacità di identificare gli stati interni, permane l'evitamento, prima cognitivo e poi comportamentale. Il *role-playing* di una situazione relazionale può essere un modo efficace per l'analisi, da parte del paziente, del legame tra il senso di inadeguatezza e di giudizio negativo previsto e l'attivazione emotiva.

Il terapeuta può suggerire strategie alternative all'evitamento come l'autoimposizione o l'autoesortazione. Inoltre è opportuno che mostri al paziente che l'espressione delle emozioni negative in una relazione non porta necessariamente al peggioramento di quest'ultima ma, anzi, può risultare costruttiva. È importante che l'evitante comprenda che la rabbia inespressa viene comunque percepita dagli altri, che di conseguenza si allontanano.

Conti e Semerari sottolineano l'importanza della regolazione del tono emotivo della seduta, in quanto questa è efficace solo se il paziente può rievocarla successivamente in maniera costruttiva, e a essere rievocato non è solo il contenuto cognitivo ma entra in gioco anche la memoria sensoriale[20]. Nei pazienti con DDP è particolarmente accentuato il *mood congruity effect*[21], cioè la tendenza a selezionare le informazioni proprio in base allo stato emotivo: di ogni colloquio saranno ricordati i momenti e le frasi coerenti con lo stato emotivo in corso. Le sedute il cui tono emotivo non è regolato alimentano la naturale tendenza alla distorsione del ricordo. Un clima rassicurante nel corso della seduta favorisce anche la rievocazione costruttiva delle osservazioni del terapeuta e, più in generale, del contenuto cognitivo.

Inoltre è importante rendere il paziente consapevole di tutto quello che sta succedendo e che succederà. Ciò significa che le intenzioni del terapeuta non devono restare oscure, ma è anzi necessario che egli spieghi di volta in volta e in modo continuo quali sono le sue interpretazioni dei fatti e le sue intenzioni. Solo così si può ottenere una collaborazione piena e consapevole da parte del paziente. Si parla quindi di empirismo collaborativo.

È anche utile suggerire al paziente dei compiti specifici da svolgere al di fuori delle sedute per potenziare le funzioni deficitarie. I compiti specifici vanno concordati e adattati al singolo paziente. Il compito standard della terapia cognitiva – utile anche per incrementare le funzioni autoriflessive[22] –

20 Conti L., Semerari A. (2003), *op. cit.*

21 Bower G.H. (1981), Mood and memory. In: «American Psychologist», 31, pp. 129-148.

22 Lalla C. (1999), La promozione della funzione metacognitiva attraverso l'uso delle tecniche cognitive standard. In: A. Semerari (a cura di), *Psicoterapia cognitiva del paziente grave. Metacognizione e relazione terapeutica.* Milano: Raffaello Cortina.

consiste nell'osservare e trascrivere le emozioni significative e il loro "contorno", ovvero i pensieri, le immagini, i fatti che le precedono, accompagnano e seguono. Quando c'è ritiro sociale, come in genere accade nel DEP, risulta particolarmente utile l'osservazione dei comportamenti altrui e la discussione delle presunte intenzioni che lo sottendono.

L'esposizione sociale deve invece essere progressiva, in modo da poter discutere di volta in volta le difficoltà incontrate. Un'esposizione improvvisa a contesti sociali che il paziente non è in grado di gestire comporta il rischio di ricadute e depressioni profonde.

Grazie all'autosservazione è possibile individuare i temi ricorrenti, espressione degli schemi cognitivi implicati nella sofferenza emotiva. Lo scopo dell'intervento è proprio quello di acquisire consapevolezza e allontanarsi criticamente dal contenuto di tali schemi. Tuttavia, nei Disturbi di Personalità, gli stati emotivi orientano i processi cognitivi con forza, il che impedisce al paziente di riflettere in maniera adeguata nei momenti emotivamente più carichi.

La letteratura sostiene anche i training di abilità sociali: si tratta di tecniche comportamentiste che vertono sull'acquisizione di abilità come il *coping* delle emozioni negative e lo sviluppo di esperienze di socializzazione e comunicazione[23]. La terapia di gruppo è un trattamento spesso indicato, ma non nelle fasi iniziali del lavoro: l'evitante deve prima essere in grado di rappresentarsi se stesso e la mente altrui in maniera più articolata.

Nel caso in cui il paziente faccia abuso di sostanze, possono rivelarsi efficaci trattamenti di gruppo e di mutuo aiuto: trovarsi in un gruppo di persone che agiscono per conseguire uno scopo

---

23 Donat D. (1995), Use of the MCMI-III in Behavior Therapy. In: P.D. Retzlaff (a cura di), *Tactical Psychotherapy of the Personality Disorders An MCMI-III-Based Approach*. Boston: Allyn and Bacon.

comune può avere l'effetto positivo di alleviare i sentimenti di inadeguatezza.

Spesso l'evitante attraversa fasi di profonda depressione; in questo caso si può intraprende una terapia farmacologica, a volte espressamente richiesta dai familiari preoccupati. Sono indicati gli antidepressivi – come i triciclici e i serotoninergici[24] –, ma anche altri farmaci per gli stati ansiosi e di ipersensibilità del sistema neurovegetativo – come i beta-bloccanti e IMAO – e per il controllo delle emozioni di vergogna e inadeguatezza – come gli SSRI[25].

---

24 Ellison J., Adler D. (1990), A Strategy for the Pharmacotherapy of Personality Disorders. In: D. Adler (a cura di), *Treating Personality Disorders*. San Francisco: Jossey-Bass.

25 Sutherland S., Frances A. (1996), Avoidant Personality Disorder. In: G. Gabbard, S. Atkinson (a cura di), *Synopsis of Treatment of Psychiatric Disorders*, II ed. Washington DC: American Psychiatric Press.

2. HIKIKOMORI

Il termine giapponese hikikomori significa letteralmente "isolarsi", "stare in disparte", e viene usato oggi per identificare adolescenti e giovani adulti che decidono di ritirarsi dalla vita sociale per lunghi periodi (da alcuni mesi fino a diversi anni), rinchiudendosi nella propria camera da letto ed eliminando qualsiasi contatto diretto con il mondo esterno. Si tratta di un fenomeno molto vasto ma ancora poco conosciuto, soprattutto fuori dal Giappone. Tuttavia il fenomeno non riguarda più solo il Giappone, ma tutti i paesi sviluppati del mondo, compresa l'Italia.

Il fenomeno non è riconducibile a nessun disturbo psichiatrico. Più precisamente, non corrisponde a nessuno dei disturbi per cui viene spesso scambiato: non è depressione, non è agorafobia, non è fobia sociale, non è dipendenza da internet: si è infatti diffuso in Giappone ben prima della diffusione dei computer. Al contrario, l'uso del web potrebbe essere considerato come un fattore positivo in quanto unico mezzo di comunicazione utilizzato dagli hikikomori[26].

È stata dimostrata l'esistenza di un "hikikomori primario", che si sviluppa prima e a prescindere da altre patologie. Tutti i disturbi sopra elencati, infatti, costituiscono spesso conseguenze dell'isolamento, ma non possono dirsi, al contrario, cause del ritiro.

---

26 http://www.hikikomoriitalia.it

Tuttavia, l'hikikomori presenta certamente tratti in comune con il Disturbo Evitante di Personalità e può rappresentarne in qualche modo un'esasperazione.

Il sito web dedicato ne fornisce una definizione non ufficiale, ovvero non tratta da studi scientifici:

> L'hikikomori è un meccanismo di difesa messo in atto come reazione alle eccessive pressioni di realizzazione sociale, tipiche delle moderne società individualistiche.[27]

Un fenomeno, quindi, di natura più sociale che psichica ma che, come il DEP, genera paura di non essere all'altezza delle aspettative altrui e si traduce quindi in un senso di inadeguatezza, in evitamento e fuga, non solo dai rapporti interpersonali ma da tutto quello che sta oltre le pareti della propria stanza o, al massimo, della propria casa.

L'hikikomori, come l'autoreclusione in generale, è un fenomeno che ha preso piede ed è andato diffondendosi sempre più soprattutto tra gli adolescenti.

Anche Ricci, già dalle prime pagine della sua opera, sottolinea come l'hikikomori non sia una malattia, bensì una patologia sociale. Così, quantomeno, viene considerata in Giappone; è in Occidente che, invece, viene trasformato in disturbo mentale[28].

"La pratica Hikikomori e l'autoreclusione non sono indice di follia, ma una particolare forma di lotta contro il male di vivere che segnala l'inadeguatezza, soprattutto durante l'età adolescenziale, della parola e del pensiero."[29] Ciò è dovuto al fatto che il corpo di un adolescente è il suo principale mezzo di espressione. Piuttosto che esprimere e mostrare la propria

---

27 Ivi.
28 Ricci C. (2008), *Hikikomori: adolescenti in volontaria reclusione*. Milano: Franco Angeli.
29 Sagliocco G. (a cura di, 2011), *Hikikomori e adolescenza. Fenomenologia dell'autoreclusione*. Milano-Udine: Mimesis, p. 19.

sofferenza, quindi, il giovane si sottrae allo sguardo altrui per allontanarsi da ciò che gli altri vedono di lui, o da ciò che secondo lui vedono. Se, da una parte, essere visti equivale a – o almeno permette di – *essere*, il giovane hikikomori decide invece di sparire, di annullarsi escludendo sé stesso da ciò che gli altri possono vedere, forse nel tentativo di ri-creare la propria identità senza l'obbligo di confrontarsi con il resto del mondo.

Alla necessità terapeutica si accompagnano, e devono accompagnarsi, la comprensione e il rispetto per la scelta del ragazzo, a cui è necessario dunque approcciarsi con pazienza e gentilezza, silenzio e compassione[30].

2.1 Il contesto giapponese

Ricci descrive il Giappone – e Tokyo in particolare – come una terra in cui tutto è gruppo e insieme, e il pensiero singolo non è in alcun modo tenuto in considerazione. Definisce Tokyo una città estremamente sicura, quasi perfetta, ma i suoi abitanti come incapaci di affrontare le difficoltà riflettendo in autonomia.

Gli hikikomori, che pure sono ormai in gran numero, sono accettati ma non approvati.

In Giappone sono molti i giovani che aderiscono a mode bizzarre e assumono comportamenti che in Occidente sarebbero considerati quantomeno eccessivi, come per esempio andare in giro travestiti da personaggi di *anime*. Questi comportamenti sono pienamente accettati e scusati proprio in quanto adottati da giovani "ribelli", i quali però, da adulti, si daranno da fare per rimettere la testa a posto. Inoltre sono accettati perché non comportano nessuna interruzione della comunicazione sociale.

Gli hikikomori, al contrario, non vogliono avere relazioni con nessuno. La maggior parte di loro, infatti, vive in totale

---

30 Ricci C. (2008), *op. cit.*

isolamento e senza usare alcun mezzo di comunicazione. L'hikikomori si rinchiude nella propria camera da letto, dove trascorre tutto il proprio tempo e consuma i pasti, dorme di giorno e sta sveglio di notte: secondo alcuni terapeuti, il ragazzo che assume tale comportamento non vuole farsi vedere nemmeno dai genitori, perché questo aumenterebbe il senso di colpa legato alla sua inattività in una società che non smette mai di produrre. In genere è la madre a occuparsi della sopravvivenza del figlio, lasciando regolarmente davanti alla porta della sua camera il vassoio con il pasto ben composto, come da tradizione.

Esistono tuttavia hikikomori che comunicano tramite internet, soprattutto con altri hikikomori, e perfino alcuni che, pur non uscendo mai da casa, parlano con i genitori, trascorrono parte del proprio tempo e consumano i pasti in compagnia dei familiari. In ogni caso, ritirarsi in hikikomori significa interrompere la comunicazione col mondo esterno. Spesso, l'hikikomori che desideri ripristinare tale comunicazione, dopo un lungo periodo di isolamento, non è più in grado di farlo.

Se, da una parte, i Giapponesi sono tolleranti nei confronti dei comportamenti eccentrici degli adolescenti, dall'altra pensano degli hikikomori che siano solo parassiti che non hanno voglia di lavorare e vivono alle spalle della società.

Quello dell'hikikomori, in realtà, non è un comportamento dettato dalla rabbia o dalla ribellione ad un contesto inaccettabile; al contrario, il giovane vorrebbe essere parte integrante di quel contesto e quella società, avere il proprio ruolo ed essere produttivo come gli altri, rispondere adeguatamente alle aspettative sociali e familiari, ma non si sente in grado di farlo. Qualcosa, dentro, glielo impedisce.

Sembra che una delle cause più frequenti del fenomeno sia l'aver subito atti di bullismo. In Giappone, il bullismo è un problema di grandi dimensioni proprio perché l'adesione al gruppo è così fondamentale: un soggetto che sia "diverso" dagli altri in qualsiasi modo (ad esempio perché solitario, grasso o semplicemente non abbastanza simpatico) viene spesso deriso e maltrattato dai compagni, il che, in una società tanto competitiva, può creare gravi disagi. È quindi facile e comprensibile che il ragazzo possa rifiutare il contesto scuola e intraprendere così la strada dell'isolamento sociale.

Gli hikikomori, però, non sono solo studenti ma anche lavoratori che, incontrando lo stesso tipo di difficoltà con i colleghi o con il lavoro stesso, interrompono la normale attività e si ritirano. Il lavoro occupa in Giappone un ruolo fondamentale nella vita di ogni individuo che, spesso, ha amicizie solo tra i colleghi. Interrompere tali rapporti, quindi, può già significare isolarsi completamente.

L'autoreclusione può durare molti anni. Secondo alcuni terapisti, se le famiglie non tardassero a chiedere aiuto sarebbe possibile, in gran parte dei casi, aiutare il ragazzo a uscire dalla sua stanza e dalla situazione in cui si trova in tempi molto più brevi. Non è raro che, a lungo andare, l'hikikomori diventi anche aggressivo, ed è spesso soltanto allora che la famiglia si decide a chiedere l'intervento di un medico.

L'autoreclusione rappresenta una forma di regressione, accompagnata spesso da una modulazione della voce che diventa più infantile. La stanza del giovane diventa l'unico luogo sicuro: la madre di solito lo asseconda, il padre è quasi sempre assente perché il suo compito di uomo è quello di lavorare e sostenere economicamente la famiglia.

L'hikikomori in genere rifiuta qualsiasi visita, ma esiste una legge che consente il ricovero anche contro la volontà del ragazzo. Ciò costituisce un'arma a doppio taglio, infatti negli ultimi anni si sono verificati casi in cui i genitori hanno autorizzato ricoveri forzati anche presso istituti non legalizzati, peggiorando la situazione che a volte è sfociata nella tragedia.

L'intervento esterno viene quasi sempre richiesto dopo un lungo periodo di reclusione a causa della vergogna, dal momento che la condizione e la scelta del figlio costituiscono per i genitori un motivo di disonore.

In Giappone non esistono centri per la cura degli hikikomori, né terapeuti e medici specializzati nel trattamento di tale condizione. Esistono centri di assistenza sociale e associazioni private, ma andare dallo psicologo o dallo psichiatra è raro in quanto genera vergogna. In ogni caso, quando la madre – quasi sempre lei – chiede aiuto per il figlio, quest'ultimo si rifiuta di andare all'ospedale o allo studio di un medico, ragion per cui si cerca qualcuno che sia disposto a visitare a domicilio. Spesso l'hikikomori ha reazioni violente anche nei confronti del terapeuta.

La terapia, soprattutto all'inizio, viene affidata al silenzio. In Giappone viene attribuito un importante valore al silenzio come mezzo di comunicazione. Fino a quando il giovane non è pronto a parlare di sé, il terapeuta si limita a restare in camera con lui in silenzio, con l'obiettivo di far accettare semplicemente la sua presenza. Non è raro che i genitori, insoddisfatti da questo tipo di approccio, decidano presto di interrompere le cure.

Ricci rileva l'esistenza di giovani hikikomori anche in Italia, ma si dice perplessa a riguardo, poiché i sedicenti hikikomori italiani non rifiutano di rilasciare interviste. Nelle sue interviste con ex hikikomori giapponesi, ha rilevato dei disagi ricorrenti: in particolare l'incapacità di uscire dalla propria condizione di isolamento malgrado il desiderio di farlo, il senso di colpa dovuto all'inattività, la solitudine e la sensazione di non essere capiti.

In Giappone pare che il rapporto simbiotico tra madre e figlio risulti particolarmente forte e duraturo, forse fino alla fine della vita. Fino a circa dieci anni, i bambini dormono con i genitori nonostante abbiano una camera personale, che usano per studiare. Sembra che questo rapporto simbiotico dipenda soprattutto dall'assenza del padre/marito: la madre fa quasi solo la madre perché fa poco la moglie. Questo perché il marito, in genere, esce presto la mattina e torna tardi la sera; per la maggior parte del tempo non è presente in casa. Anche la cena in comune è ormai quasi inesistente.

Apparentemente, ogni famiglia giapponese è perfetta: tutti hanno un comportamento gentile ed educato, non si litiga mai, ma in realtà non c'è intimità.

I figli, quindi, vedono poco il padre e, quando succede, vedono un uomo che si relaziona quasi esclusivamente con il mondo del lavoro. Quello che il ragazzo vede è l'uomo che egli stesso *deve* diventare, ma non *vuole* diventarlo e non trova i mezzi per cambiare la situazione o anche solo per esprimere il proprio disagio, che quindi decide di chiudere in una stanza.

Ricci ha condotto un esperimento utilizzando se stessa come cavia, praticando un mese di autoreclusione per comprendere meglio il fenomeno da lei studiato. Riferisce di aver passato serenamente la prima settimana, sentendo di aver ritrovato se stessa e una sensazione di totale libertà. Tuttavia, nei giorni successivi questo benessere si è trasformato in debolezza fisica e di pensiero. Il momento peggiore in assoluto, secondo il suo racconto, è stato quello in cui è salita in metropolitana per la prima volta dopo la reclusione: la sensazione di panico provata le ha chiarito definitivamente ciò che un hikikomori può sperimentare al pensiero di uscire da una reclusione durata mesi o anni[31].

2.2 Crisi evolutiva e vergogna

I *manga* sono fumetti giapponesi; gli *anime* la loro versione animata. Alcuni *manga* e *anime* vedono i loro protagonisti in condizione di hikikomori.

31 Ricci C. (2011), L'esperienza antropologica giapponese. In: Sagliocco G. (a cura di), *Hikikomori e adolescenza. Fenomenologia dell'autoreclusione*. Milano-Udine: Mimesis.

In realtà i personaggi dei *manga* non assomigliano mai tanto ai Giapponesi, ma vengono occidentalizzati il più possibile. Tuttavia, i *manga* si ripropongono di rappresentare visivamente e fedelmente la realtà giapponese[32].

Anche nei *manga* e negli *anime* è evidente quanto in Giappone sia importante il giudizio altrui. È per questo che il senso di vergogna rende l'individuo incapace di sostenere gli sguardi, provocandogli sintomi ansiosi. Egli si sottrae agli sguardi degli altri e, di conseguenza, a qualsiasi rapporto con loro.

Si potrebbe pensare al fenomeno hikikomori come a una crisi evolutiva più che a una patologia mentale, crisi che riguarda tutti i giovani e non solo i Giapponesi.

Secondo Ricci, l'hikikomori è un fenomeno soprattutto maschile; ciò non toglie che negli ultimi anni ci sia stato un significativo incremento del fenomeno anche tra le ragazze. Per i ragazzi i motivi sono quelli fin qui esposti: le aspettative sociali, il dovere di diventare come il padre e come gli altri uomini che fanno la società giapponese[33].

Le donne vivono una situazione diversa. Nella maggior parte dei casi, le donne giapponesi restano segregate in casa ed è quasi impensabile che possano non sposarsi. A circa venticinque anni, una donna che non sia ancora sposata e non abbia figli viene considerata in qualche modo sbagliata. Tuttavia, è sempre più frequente che non si riesca a trovare un partner, e il numero di single è aumentato negli ultimi anni.

Per le ragazze hikikomori, la terapia risulta spesso più

32 Bartolomeo C., Improta E. (2011), Hikikomori e manga: un modo di essere nel-mondo e un modo di "aver cura"? In: Sagliocco G. (a cura di), *Hikikomori e adolescenza. Fenomenologia dell'autoreclusione*. Milano-Udine: Mimesis.

33 Bartolomeo C., Improta E. (2011), Domande, idee ed esperienze a confronto. In: Sagliocco G. (a cura di), *Hikikomori e adolescenza. Fenomenologia dell'autoreclusione*. Milano-Udine: Mimesis.

difficile che per i ragazzi, perché le madri rifiutano l'idea che un uomo possa entrare nella stanza della figlia.

Inoltre, come già detto, anche dal punto di vista sanitario l'hikikomori è a stento tenuto in considerazione, a meno che non si accompagni ad altre patologie.

Anche Gemelli e Pastore sottolineano la connessione tra insuccesso e ritiro come fattore determinante nell'avvio dell'esperienza hikikomori. Il sentimento di vergogna è quello più rilevante: vergogna nei confronti dei genitori e di tutti coloro che hanno delle aspettative cui il soggetto non sente di rispondere. Ecco perché gli hikikomori sono per il 90% non solo maschi, ma anche figli unici o maggiori, di classe sociale medio-alta e, in quanto tali, oggetto di grandi aspettative da parte dei genitori[34].

Allo stesso tempo, la famiglia resta l'unico luogo in cui il ragazzo non è rifiutato né biasimato per la vergogna che prova, dove perfino la sua rabbia e la violenza vengono accettate, e pertanto è l'unico luogo in cui lui possa vivere.

La dicotomia tra onore e vergogna assume in Giappone un peso che può diventare devastante, e si fonda su una dimensione estetica, sull'idea di cosa è "bello" o "bene" fare e cosa è "brutto" o "male". I modelli educativi giapponesi si adattano a questa concezione con particolare severità, istituendo una cesura netta tra prima infanzia, età della spontaneità in cui la vergogna non è contemplata, e seconda infanzia, età in cui si viene introdotti senza via d'uscita agli obblighi della vita adulta.

---

34 Gemelli M., Pastore C. (2011), Hikikomori, fiori di ciliegio, cerchi nel grano. In: Sagliocco G. (a cura di), *Hikikomori e adolescenza. Fenomenologia dell'autoreclusione*. Milano-Udine: Mimesis.

2.3 Madri e figli

Gli schemi comportamentali e psicologici dell'adolescenza non hanno più, ormai, un rigido collocamento cronologico nella vita dell'individuo, ma anzi tendono, sempre più di frequente, a presentarsi in fasi avanzate dello sviluppo personale, a indicare una certa difficoltà, se non incapacità, di raggiungere la condizione adulta. Va sottolineato inoltre che, negli adolescenti, forme di ritiro temporanee sono piuttosto frequenti anche in assenza di particolari disagi. È probabile che le nuove tecnologie abbiano un ruolo significativo in questo senso.

Spesso, anche in età matura si assiste a comportamenti che possono essere considerati adolescenziali relativamente all'indefinitezza degli scopi di autorealizzazione e al rifiuto della socialità a favore di strategie alternative per soddisfare i propri bisogni. Possono essere presenti senso di vuoto e di isolamento, tendenza al ritiro sociale, inibizione relazionale, instabilità emotiva e scarso controllo emozionale[35].

Sebbene diverse fonti sottolineino con tanta convinzione che l'hikikomori non è una malattia, la società giapponese – almeno secondo Ciuferri e Mancini e non ufficialmente – lo percepisce proprio come tale.

Le due autrici si sono occupate di casi di adolescenti italiani che hanno trascorso una parte della propria vita in autoreclusione. Un elemento comune a tutti i casi seguiti è la relazione di dipendenza che si viene a creare in particolare tra i figli maschi e le madri. Accade anche che il ragazzo dorma ancora con la madre, soprattutto se il padre è assente. In alcuni casi questo, anche quando è presente, si adegua alla situazione cedendo al figlio il proprio spazio e dormendo quindi nella camera di lui.

---

35 Griego F., Vivard E. (2011), Altre segregazioni o dell'adolescenza attempata. In: Sagliocco G. (a cura di), *Hikikomori e adolescenza. Fenomenologia dell'autoreclusione*. Milano-Udine: Mimesis.

Spesso è solo dopo un lungo percorso che i genitori si rendono conto che il bisogno del figlio di evitare le relazioni sociali esprime un disagio molto più profondo.

È frequente che questi ragazzi diventino aggressivi – a volte solo verbalmente – verso i genitori, in particolar modo nei confronti della madre. Si tratta di comportamenti che il giovane mette in atto per distaccarsi da un legame che, seppur desiderato e necessario, spaventa in quanto espressione di un'eccessiva dipendenza[36].

Trojano annovera fra i tratti dell'hikikomori, oltre alla vergogna: rabbia, negazione del corpo, rifugio nel virtuale, inversione del ritmo circadiano, incapacità di comunicare, impossibilità di stringere rapporti significativi. Inoltre vi sono episodi sporadici di condotte violente anche verso sé stessi, fino ad arrivare al suicidio.

Lo stesso autore, però, sottolinea anche che il soggetto hikikomori pensa di poter uscire dalla propria condizione e in genere tiene la mente in allenamento leggendo o studiando[37].

36 Ciuferri M.G., Mancini F. (2011), Esperienze terapeutiche con adolescenti che si isolano. In: Sagliocco G. (a cura di), *Hikikomori e adolescenza. Fenomenologia dell'autoreclusione*. Milano-Udine: Mimesis.

37 Trojano G. (2011), Hikikomori e doppia diagnosi. Fenomenologia e psicopatologia di due presenze ai limiti della vita. In: Sagliocco G. (a cura di), *Hikikomori e adolescenza. Fenomenologia dell'autoreclusione*. Milano-Udine: Mimesis.

3. EVITAMENTO NELLA FICTION

3.1 Lo strano mondo di Carrie Pilby[38]

Carrie Pilby, protagonista dell'omonimo romanzo di Caren Lissner, manifesta tratti evitanti sin dalle prime righe del libro. Dice di sentirsi in colpa quando i commessi dei negozi le danno sacchetti di plastica se lei ha comprato anche solo una banana, ma glieli porgono prima che lei si accorga che li stanno prendendo, perciò non dice nulla. Quando noleggia un film, invece, il sacchetto le fa comodo, anche se una videocassetta non è pesante o ingombrante: mostrare a tutti il film che ha noleggiato, infatti, potrebbe essere imbarazzante. Al ragazzo che le chiede quale film ha noleggiato risponde:

> Vedi, un giorno potrei aver voglia di noleggiare qualcosa di imbarazzante, e non intendo necessariamente un porno. Potrebbe essere un film considerato troppo infantile per la mia età, o troppo violento, magari propaganda nazista – per motivi di ricerca, ovviamente. E anche se il film che ho tra le mani adesso è considerato un classico e non avrei nulla di cui

---

38 Lissner C. (2003), *Carrie Pilby*, Toronto: Harlequin Enterprises (Trad. it., *Lo strano mondo di Carrie Pilby*, Milano: Harlequin Mondadori, 2003).

vergognarmi, se te lo mostro e la prossima volta mi rifiuto di farlo, allora sapresti senza dubbio che ti sto nascondendo qualcosa. Ma se non ti dico mai cosa ho noleggiato, avrai sempre solo il sospetto che io ti stia nascondendo qualcosa e pertanto mi sentirò libera di noleggiare porno, cartoni animati, propaganda fascista o qualunque cosa senza il timore di dover svelare le mie scelte[39].

Poco dopo dice di sentirsi giudicata dalla gente, perché non si comporta come una ragazza di diciannove anni dovrebbe comportarsi. Per diversi motivi, si sente diversa da tutti gli altri.

Carrie passa la maggior parte del tempo da sola nel suo appartamento, non lavora e non esce quasi mai, e per tutto questo incolpa il padre, il quale ha cercato di aiutarla a sfruttare la genialità che sin da piccola ha manifestato:

Gli ricordo che è stata una sua idea farmi saltare tre classi alle elementari, ponendomi per sempre al di sopra dei miei coetanei dal punto di vista accademico, ma precludendomi la possibilità di avere normali relazioni sociali[40].

Per giustificare il proprio isolamento, Carrie giudica severamente tutte le persone che la circondano. "Ogni volta che incontri qualcuno", le fa notare il suo analista, "mi dici che si tratta di una persona non intelligente o ipocrita"[41]. Lei ribatte che non può intavolare una conversazione con una persona poco intelligente e che, se anche ne trovasse una con un valido quoziente intellettivo, si tratterebbe di una persona ipocrita e disonesta.

Basta una parola di uno sconosciuto a farla sentire inadeguata:

---

39 Ivi, p. 5.
40 Ivi, p. 7.
41 Ivi, p. 9.

Quando arrivo vicino all'entrata della metropolitana, un ragazzo con l'impermeabile mi grida: «Sorridi!».

Mi fa stare ancora peggio. Io sono assorta nei miei pensieri, e qualcuno si sente in diritto di intromettersi. Non capisce che, dicendomi che sto facendo una cosa sbagliata, mi fa passare ancora di più la voglia di sorridere? Ed effettivamente ottiene l'effetto contrario. È come prendere a schiaffi un bambino per farlo smettere di piangere[42].

Poco dopo, prova le stesse emozioni quando, durante un colloquio di lavoro, le viene fatto notare che è fin troppo seria per essere una diciannovenne. Dice di sentirsi a disagio proprio come quando quel ragazzo le ha detto di sorridere, "come se facessi qualcosa di sbagliato semplicemente esistendo"[43].

Dichiara che la sua attività preferita è dormire perché, quando dorme, non deve pensare a niente, sentire niente, dire niente, non deve sorridere, risparmiare per il futuro, non deve preoccuparsi di nulla. "Il novantacinque percento delle attività che si fanno fuori dal letto", dice, "comportano la possibilità di soffrire... non provare dolore è semplicemente la sensazione più bella del mondo"[44].

Per farla uscire dal suo guscio Petrov, l'analista, la incoraggia a svolgere delle attività riassunte in una breve lista. Carrie decide di seguirla, non perché pensi di poter stare meglio, ma solo per dimostrare qualcosa, ovvero che il problema non dipende da una sua incapacità e che, anche compiendo quelle azioni, la sua vita non può migliorare. Vuole dimostrare *ancora una volta* a sé stessa e al dottore che da sola, a casa sua, starà sempre meglio che fuori.

Tuttavia, come lo stesso Petrov le fa notare, Carrie sente il bisogno di comunicare con gli altri:

---

42 Ivi, p. 13.
43 Ibidem.
44 Ivi, p. 15.

Tu vieni qui per parlare con me. Io sono pagato per ascoltare. Forse sei insicura e pensi che l'altra gente non abbia voglia di ascoltarti. Invece io lo faccio. Se davvero avessi voluto smettere di venire qui, ti saresti rifiutata[45].

Carrie cova molto risentimento nei confronti del padre, perché non riesce a perdonargli quella che lei chiama "la grande bugia". Quando era piccola, infatti, il padre le aveva promesso che al college avrebbe trovato persone simili a lei, con cui avrebbe potuto stringere rapporti interessanti:

Mi aveva detto che le elementari, le medie, le superiori sarebbero state dure, ma al college sarebbe stato diverso. «Devi avere pazienza», diceva. Mentiva[46].

A proposito di Nora, una delle poche amiche che ha avuto, Carrie dice che questa era amichevole con lei solo perché lo era con tutti, e si incolpa per la fine del loro rapporto, sebbene sia stata Nora a cercarla sempre più raramente.

Alla fine cominciammo a fingere di non vederci. Non so perché accadono queste cose. Può essere per paura. Non sei sicuro che l'altra persona ti risponda se tu le dici ciao, e se non lo facesse sarebbe abbastanza imbarazzante[47].

Anche di Kara, una ragazza che conosce successivamente, dice che non può avere un'alta considerazione di lei, che sicuramente avrà amici molto più interessanti.

Carrie ha diciannove anni e, data la sua genialità, si è già laureata ad Harvard; ricordando ancora il periodo del college, dice che l'inizio di ogni semestre era emozionante e pieno di

---

45 Ivi, p. 27.
46 Ivi, p. 30.
47 Ivi, p. 32.

promesse. Tuttavia,

> Le mie belle speranze però si infrangevano a mano a mano che il semestre proseguiva. Nessuno mi avrebbe parlato.
> Avrei mangiato da sola nella mensa e avrei passato i miei sabato sera sbirciando dalla finestra gli altri, esattamente come il semestre prima[48].

Il suo bisogno di comprensione e di intimità emerge soprattutto quando parla della sua unica relazione romantica, con un professore del college:

> Non sentivo il bisogno di uscire, di socializzare, di aggirarmi per il campus in cerca di qualcuno a cui avvicinarmi. C'era una persona a cui importava di me, a cui interessava quello che pensavo, non avevo bisogno di altro[49].

"Come tutto il resto del mondo", dice per spiegare la fine della relazione, "voleva che fossi diversa da quella che sono"[50].

Carrie è talmente insicura che si sente in imbarazzo e rimugina anche sui complimenti, perfino quelli fatti casualmente, senza secondi fini. Questi i suoi pensieri dopo che Bobby, il portinaio del palazzo in cui vive, l'ha salutata con un «ehi, bellezza» a cui lei non è riuscita a rispondere:

> Sono turbata. Bobby mi ha semplicemente chiamato bellezza, perdipiù è vecchio, magari dire quella frase lo ha reso anche felice. Perché a me ha dato così fastidio? E se pensasse veramente che sono bella? E se avesse voluto essere semplicemente gentile?
> Non c'è niente che mi faccia pensare di essere bella[51].

---

48 Ibidem.
49 Ivi, p. 47.
50 Ivi, p. 88.
51 Ivi, p. 57.

Si sente osservata e giudicata anche solo perché fa rumore mangiando le patatine. Dice che non può farci niente – le patatine fanno rumore quando si sgranocchiano – ma ha la sensazione che tutti la guardino male e allora smette di mangiarle. Il sacchetto sotto i suoi occhi le fa venire l'acquolina in bocca, perciò esce dalla stanza e finisce di mangiare le patatine fuori. "Odio questa forma di condizionamento"[52], conclude.

Proseguendo nella lettura, vediamo Carrie acquistare man mano una maggiore consapevolezza di sé. Lei ama raccontarsi che è troppo intelligente per poter avere scambi equi con le altre persone, e che per questo le evita, ma arriva il momento in cui deve affrontare e ammettere i suoi limiti, finendo per esagerare nel senso opposto:

> Saluto e me ne vado. Però, appena arrivo fuori, mi sento stupida. Perché non sono rimasta a chiacchierare con loro? Perché avevo paura di sembrare poco sveglia? Stupida, stupida, stupida, ecco quello che sono.
> Petrov ha ragione: devo esercitarmi alla socialità. Ero al centro dell'attenzione di due uomini, e non sono stata in grado di gestirlo[53].

Naturalmente, pensa di non poter reggere il confronto con gli altri:

> Sono impressionata da questa ragazza capace di attirare l'attenzione di quattro uomini in un solo momento. Io sarei troppo nervosa. Rovescerei il drink o inciamperei da sola[54].

E non si sente parte di nessun gruppo: "Anche gli sfigati con

---

52 Ivi, p. 58.
53 Ivi, p. 112.
54 Ivi, p. 145.

gli occhiali dalla montatura spessa e la postura scorretta sono in gruppo. Sono tagliata fuori addirittura dai perdenti"[55], osserva durante una festa.

Carrie ritiene la sua condizione quasi innata, ricorda che anche da piccola si sentiva allo stesso modo:

> Odiavo quando la maestra ci chiedeva di scegliere un compagno, una squadra, un gruppo. Gli altri si riunivano immediatamente come per una misteriosa reazione chimica, io rimanevo sempre da sola. Allora chiedevo di andare al bagno, e mi sedevo sulla tazza per un po'[56].

A un certo punto Carrie spiega fin troppo lucidamente il senso di incapacità e inadeguatezza che prova di fronte agli altri, e come questo dipenda proprio dal suo modo di *essere*, il che la spinge ad attribuire eccessiva importanza a quello che *fa*:

> A scuola, piacevo ai professori. Mi sono sempre sentita più a mio agio in presenza degli adulti. Mi trovavano intelligente. Imparavano a conoscermi grazie al lavoro che mi era stato assegnato. Non dovevo fare altro che dedicarmi ai compiti a casa per guadagnare la loro stima. Avevo la situazione sotto controllo.
> […]
> Ora a nessuno importa più. In un bar, o a un party, io sono solo io. E nessuno può conoscermi, a meno che non mi parli. E io non so come farlo succedere[57].

Nel suo tentativo di seguire le istruzioni di Petrov, Carrie prova a costruirsi una vita sociale, ma continua a sentirsi schiacciata dal confronto con gli altri:

55 Ivi, p. 146.
56 Ibidem.
57 Ivi, p. 151.

Mi preparo con cura. Non so perché. Forse sento come una sfida la possibilità di fare colpo su di lei.
Non vorrei che vedendomi capisse subito che sono una disadattata, che non potrò mai ottenere niente dalla vita[58].

Dal momento che reprime pressoché ogni suo istinto, la spontaneità la stupisce, quasi come fosse innaturale:

Sono sorpresa di vedere che Kara e Billy ridono senza ritegno. Io ho passato la vita a sforzarmi di non ridere, quando la gente sbaglia una parola[59].

È anche perfettamente in grado di spiegare perché ha così paura di stringere rapporti con gli altri: "Più impari a conoscere una persona," riflette, "più ti avvicini, più è dura la caduta quando ti tirano via il tappeto da sotto i piedi"[60].
Finalmente, giunge la consapevolezza delle proprie responsabilità nel rapporto con le altre persone: "Giudico le persone rigidamente per mascherare la mia incapacità di rapportarmi con loro?"[61]. E, più tardi:

Devo imparare ad accettare che il valore della gente, e il mio valore, ha poco a che fare con la qualità del college frequentato. Dentro di me lo so che è così. Non sono capace di accettare la gente diversa da me. Anche questo lo so[62].

Eppure, il bisogno di comunione, condivisione e intimità è radicato con forza in lei:

---

58 Ivi, p. 169.
59 Ivi, p. 171.
60 Ivi, p. 198.
61 Ivi, p. 213.
62 Ivi, p. 245.

È difficile stare soli. La cosa strana è che ti basta avere anche solo un compagno per sentirti parte del mondo [...] Se avessi una persona con cui mi trovassi bene e che provasse lo stesso per me, non dovrei dimostrare niente al resto del mondo. Sono sicura che esistono coppie di disadattati, che però stanno bene insieme, e i loro problemi non contano più[63].

Poiché *Lo strano mondo di Carrie Pilby* nasce come romanzo *chick-lit*, il finale è lieto in modo quasi banale, e sembra voler promuovere il messaggio che basti uscire di casa più spesso per risolvere qualsiasi problema di interazione sociale; ciò non toglie che Carrie Pilby possa comunque costituire un ottimo esempio di soggetto evitante.

3.2 Il favoloso mondo di Amélie[64]

Nelle sequenze iniziali del film di Jean-Pierre Jeunet, assistiamo letteralmente alla costruzione di una personalità evitante, quella della protagonista, Amélie Poulain. La voce narrante racconta infatti il rapporto tra la piccola Amélie e il padre, medico di professione:

Come tutte le bambine, vorrebbe che suo padre l'abbracciasse ogni tanto, ma lui ha un contatto fisico con lei solo durante il controllo medico mensile. La piccola, sconvolta da tanta intimità eccezionale, non riesce a contenere il batticuore, perciò il padre la crede affetta da un'anomalia cardiaca. A causa di questa malattia fittizia la piccina non va a scuola. È sua madre che le fa da maestra.

Sin da piccola, quindi, Amélie viene abituata a stare da sola, a

63 Ivi, p. 241.
64 Jeunet J.P. (2001), *Le Fabuleux destin d'Amélie Poulain*. Francia: Bim Distribuzione (Trad. it., *Il favoloso mondo di Amélie*).

una vita priva di contatti e di confronto con gli altri. E infatti,

> senza contatto con gli altri bambini, sballottata tra lo stato
> febbrile di sua madre e la glacialità di suo padre, Amélie si
> rifugia in un mondo da lei inventato.

Il suo unico amico è un pesciolino rosso, chiamato Il Capodoglio, che tenta il suicidio ripetutamente e che, pertanto, la madre di Amélie getta nel fiume, privando la figlia di quell'unica compagnia.

A farla sentire inadeguata e colpevole contribuisce infine un vicino. A seguito di un incidente stradale avvenuto sotto gli occhi della bambina, che ha appena scattato una fotografia, l'uomo le fa credere che sia stato proprio il suo scatto a causare l'incidente. Amélie, che quella mattina aveva già scattato tante altre fotografie, la sera guarda il telegiornale e si attribuisce la colpa di tutte le tragedie della giornata.

Quando la madre di Amélie muore, lei si ritrova sola col padre che, già poco comunicativo, si chiude ulteriormente in se stesso. Qualche anno più tardi, cameriera in un *bistrot*, lascia la casa del padre e va a vivere da sola. Ed è sola nel senso più completo del termine. Come informa la voce narrante, infatti, "non ci sono uomini nella vita di Amélie. Ci ha provato un paio di volte, ma il risultato non è stato all'altezza delle sue aspettative". Inoltre,

> col tempo non è cambiato nulla. Amélie continua a rifugiarsi
> nella solitudine. Si diverte a porsi domande cretine sul
> mondo e su quella città che si stende davanti ai suoi occhi.

Per una serie di motivi, Amélie decide di dedicare la propria vita ad aiutare gli altri, nei modi più bizzarri e sempre di nascosto. E non le mancano le fantasie di rivalsa narcisistica: immagina di vedere in TV un servizio su di lei e le sue opere, servizio in cui viene pomposamente definita "la madrina degli emarginati o la Madonna degli indesiderati", e in cui si parla di una grande opera mondiale di sollievo all'umanità.

Impiegando il suo tempo nei modi più fantasiosi – per quanto solitari –, Amélie non sembra soffrire particolarmente l'assenza di rapporti significativi; il problema si manifesta con più forza quando comincia a interessarsi a uno sconosciuto, Nino, con cui ovviamente non riesce a parlare. Ma anche in questo caso la fantasia l'assiste, mostrandole la soluzione: Amélie fa avere a Nino una sua fotografia – in cui è mascherata –, tramite la quale gli dà appuntamento nel *bistrot* in cui lavora.

Quando Nino si presenta sul luogo, però, Amélie si lascia prendere dall'emozione e nega di essere la ragazza della foto. La distanza tra i due, inevitabilmente dolorosa per Amélie, è rappresentata nella scena da una parete di vetro che li separa, e attraverso la quale Nino tenta di parlarle con scarsi risultati: Amélie, infatti, si finge impegnata a lavorare ed evita anche di incrociare il suo sguardo. Quando lui va via, infine, il dolore e la vergogna provati da Amélie sono efficacemente rappresentati da un'immagine in cui lei, letteralmente, si liquefà scrosciando sul pavimento.

Per tutta la durata del film, Amélie e Nino avranno diverse occasioni di incontrarsi, occasioni che lei mancherà intenzionalmente fino alla soluzione finale.

Anche Procacci e Popolo citano Amélie, indicandola come l'incarnazione del sé inadeguato[65].

3.3 Le ore[66]

Laura Brown, una delle tre protagoniste del romanzo *Le ore* di Michael Cunningham, è una moglie e una madre incinta per la

---

65 Procacci M., Popolo R. (2003), *op. cit.*
66 Cunningham M. (1999), *The Hours*, Londra: Fourth Estate Ltd (Trad. it., *Le ore*. Milano: Bompiani, 2004).

seconda volta. Vorrebbe tanto essere felice del proprio ruolo ma non lo è, si sente inadeguata, si chiede che cosa ci sia di sbagliato dentro di lei, perché non riesca a essere felice di quello che ha. Ha accettato quella vita perché non ha mai pensato di meritarla, si è sentita onorata dal fatto che qualcuno gliel'abbia offerta. Dal suo punto di vista Dan, il marito, avrebbe potuto avere chiunque ma, "spinto da chissà quale oscuro e forse perverso demone"[67], ha scelto lei,

> quella che era un topo di biblioteca, quella con l'aria da straniera, con gli occhi troppo vicini e il naso da antica romana, che non era mai stata corteggiata o fatta oggetto di attenzioni, che era sempre stata lasciata sola, a leggere. Cosa poteva dire lei, se non "sì"?[68]

Il solo dover incontrare il marito e il figlio, appena alzata al mattino, la fa sentire

> come se si trovasse dietro le quinte e fosse sul punto di andare in scena e recitare in una commedia per cui non è vestita in maniera adatta e per la quale non ha provato a sufficienza. Si chiede cosa ci sia di sbagliato in lei[69].

Perfino nella piccola differenza d'età tra lei e il marito, più giovane di tre anni, "c'è qualcosa di vagamente indecoroso, qualcosa di vagamente imbarazzante"[70].

Ma a metterla in difficoltà è soprattutto il figlio o, meglio, la presunta incapacità di prendersi cura di lui. A volte, quando è da sola con Richie, si sente alla deriva, perché le sembra che il bambino stia lì a studiarla, ad aspettare di vedere che cosa farà lei. Si sente smarrita, "non riesce a ricordarsi sempre come

---

67 Ivi, p. 34.
68 Ibidem.
69 Ivi, p. 36.
70 Ivi, p. 38.

dovrebbe comportarsi una madre"[71].

Laura Brown, come Amélie, ha pensieri di rivalsa narcisistica, legati anche alle cose più piccole, come preparare una torta per il compleanno del marito:

> La torta parlerà di generosità e piacere come una buona casa parla di comodità e sicurezza. È così, pensa lei, che gli artisti o gli architetti devono sentirsi (è un paragone terribilmente grandioso, lo sa, forse anche un po' stupido, ma è così) di fronte alla tela, alla pietra, ai colori a olio o all'impasto di cemento[72].

Ovviamente la torta finita non ha l'aspetto che lei aveva immaginato. "Non ha niente che davvero non vada, ma si era immaginata qualcosa di più. Se l'era immaginata più grande, più straordinaria."[73] E una torta imperfetta è un motivo sufficiente a gettarla nello sconforto, nel senso di inadeguatezza e di colpa perché, nonostante le sue torte malriuscite, lei riceve comunque amore dal marito e dal figlio, amore che non pensa di meritare. Lei vuole disperatamente essere amata ma, per meritare quell'amore,

> Vuole essere una madre brava che legge una fiaba al figlio, vuole essere una moglie che apparecchia una tavola perfetta. Non vuole, non vuole affatto essere una donna strana, una creatura patetica, piena di stranezze, di rabbia, solitaria, cupa, una persona sopportata ma non amata[74].

Quando riceve una visita da Kitty, la sua unica amica, Laura deve reprimere

---

71 Ivi, p. 40.
72 Ivi, p. 62.
73 Ivi, p. 77.
74 Ivi, p. 78.

una fitta di eccitazione, e qualcosa di più forte dell'eccitazione, qualcosa che assomiglia al panico. [...] Si è a malapena spazzolata i capelli; porta ancora l'accappatoio. [...] Vuole correre alla porta e vuole restare lì, immobile al lavandino, finché Kitty non rinunci e vada via[75].

Quando, infine, Kitty è nella sua cucina, Laura lancia occhiate nervose alla torta, desiderando di poterla nascondere perché l'amica non si accorga delle sue imperfezioni. Kitty, invece, nota la torta e la definisce carina, carina – pensa Laura – come potrebbe esserlo un disegno infantile.

Visti tutti i pensieri e le emozioni della giornata, Laura decide di concedersi una breve fuga, affida il figlio a una vicina e scappa via, seppur momentaneamente, dalle sue responsabilità, dalla sua inadeguatezza. Scappa per stare sola, per liberarsi da Richie, dall'organizzazione della festicciola di compleanno, scappa via dalla seconda torta che ha preparato:

Una bella torta, perfetta a modo suo, eppure Laura è ancora delusa. È ancora amatoriale, fatta in casa; ancora sembra in un certo senso sbagliata[76].

Una torta che basta a metterla profondamente in imbarazzo, perché lei sperava di produrre qualcosa di più bello e di più significativo. Invece "ha fallito. Vorrebbe che non le importasse. Crede che ci sia qualcosa di sbagliato in lei"[77]. Si sente perfino confortata dal pensiero del suicidio, della morte, del non esserci più. Non potrebbe mai uccidersi, non potrebbe fare del male al marito, al figlio, all'altro bambino dentro di lei, ma la fa sentire meglio il fatto che, volendo, si possa smettere di vivere.

Quando torna a prenderlo, Richie, nel rivederla, scoppia a piangere di gioia; anche le lacrime del figlio la mettono in

---

75 Ibidem.
76 Ivi, p. 108.
77 Ivi, p. 109.

imbarazzo: la gente potrebbe pensare che lei sia una madre iperprotettiva. Il problema maggiore, tuttavia, è ciò che pensa il bambino stesso: lui la guarda continuamente, la osserva e la osserverà sempre, e sempre si accorgerà dei suoi errori.

Per tutto il romanzo, Laura lotta contro un profondo desiderio di fuga; non può fuggire perché "deve risultare gradita; deve continuare"[78]. Eppure, alla fine, fugge.

3.4 Emotivi anonimi[79]

Emotivi anonimi è una deliziosa commedia in cui i comportamenti ansiosi ed evitanti dei due protagonisti, Angélique Delange e Jean-René Van Den Hugde, sono esasperati al punto da diventare comici.

La vicenda ha inizio quando Angélique si presenta a un colloquio di lavoro e, mentre aspetta di essere ricevuta, in preda all'ansia, decide che non può farcela e mette in atto un goffo tentativo di fuga. Nonostante ciò, viene assunta. Angélique si è candidata come *chocolatier*, ma ben presto scopre di dover pubblicizzare e promuovere i prodotti dell'azienda per cui lavora, e l'idea di dover parlare con sconosciuti la terrorizza.

Angélique racconta anche episodi del suo passato, relativi alla sua carriera: ha avuto la fortuna di incontrare qualcuno che ha capito il suo disagio, il titolare di "Mercier Sweetshop".

Sin dal primo incontro, Mercier ha indovinato che tutto la spaventa: parlare con la gente, fare la spesa, vivere. Anche per lui è così, ma ha imparato a nasconderlo. Grazie a Mercier, che le ha offerto il lavoro per lei ideale, la *chocolatier* ha quindi lavorato per sette anni da casa, preparando cioccolatini non vista da nessuno, sconosciuta – in realtà conosciuta come "l'eremita" e

---

78 Ivi, p. 153.
79 Améris J.P. (2011), *Les émotifs anonymes*. Francia, Belgio: Lucky Red (Trad. it., *Emotivi anonimi*)

famosa in quanto tale –, e adesso parla di quegli anni come di una benedizione.

Tuttavia, sul nuovo posto di lavoro, Angélique nasconde di essere la famosa eremita, anche quando ammetterlo potrebbe salvare le sorti dell'azienda. Piuttosto che scoprirsi, preferisce fingere di essere in contatto con il fantomatico eremita e di essere da lui osservata e guidata, tramite un auricolare, nella preparazione dei prodotti che determineranno il successo dell'azienda.

Angélique frequenta un gruppo di sostegno per persone che hanno problemi simili ai suoi, chiamato Emotivi Anonimi.

Jean-René, a sua volta, frequenta un terapeuta, al quale racconta di essere terrorizzato dalle donne e di non aver mai avuto una relazione. Ma non è tutto, infatti odia anche – tra le altre cose – il telefono e, in particolare, non sapere chi sta telefonando. Alla luce delle sue confessioni, il terapeuta gli assegna il compito di invitare una persona a cena.

Jean-René invita dunque Angélique e, al ristorante, non riuscendo a guardarla, nasconde a lungo il volto dietro il menu, fingendo di leggerlo. Ma neanche questo è sufficiente, e Jean-René deve più volte correre in bagno per cambiarsi la camicia in cui ha sudato copiosamente. Alla fine, per l'imbarazzo, decide di scappare dalla finestra del bagno.

Durante un altro incontro col terapeuta, Jean-René ammette che, nonostante ami le donne, stare da solo con una di loro è per lui una tortura: ciò che lo spaventa è l'intimità, lasciare che qualcuno si avvicini a lui.

Ancora una volta, il dottore gli assegna un compito: questa volta deve toccare qualcuno, basta anche una stretta di mano. Jean-René ribatte che lui non stringe mai la mano a nessuno, e il dottore precisa che è proprio quello il motivo per cui deve farlo.

Tra una fuga e l'altra, comunque, Angélique e Jean-René finiscono per innamorarsi ma, anche allora, lui si sente quasi sollevato quando il loro rapporto rischia di sgretolarsi. Ammette di amare Angélique alla follia, di non essersi mai sentito allo stesso modo prima, ma riconosce anche la sua paura dell'amore e dei problemi che comporta, la sua "ansia da relazione".

Nonostante tutto, però, Angélique e Jean-René riescono a chiarirsi, restano insieme e decidono di sposarsi. Il giorno della cerimonia, tuttavia, lei si nasconde dentro un armadio e, quando lui la trova, fuggono mano nella mano anche dal loro matrimonio.

3.5 Memorie dal sottosuolo[80]

Sebbene tenti di giustificarli o nasconderli dietro ragionamenti intellettuali, il protagonista del celebre romanzo di Fëdor Dostoevskij mostra senz'altro tratti evitanti di personalità. Egli stesso definisce la sua vita "solitaria fino alla selvatichezza"[81]. Dice di sé che evita perfino di parlare, che anche sul posto di lavoro cerca di non badare a nessuno, sforzandosi di ignorare l'impressione di essere guardato con disgusto dai colleghi. Impressione che – come riconosce – deriva dall'idea che ha di sé stesso:

> Odiavo la mia faccia, la trovavo ripugnante, e sospettavo perfino che avesse un'espressione vile, e perciò ogni volta, presentandomi al lavoro, cercavo tormentosamente di assumere un'aria il più possibile indipendente, perché non mi sospettassero di viltà, e di esprimere col viso quanta più nobiltà potevo. "Che il viso sia pure brutto", pensavo, "ma in

---

80 Dostoevskij F. (1864), *Записки из подполья*, San Pietroburgo: Epoch (Trad. it., *Memorie dal sottosuolo*, edizione ebook. Milano: Mondadori, 2015).

81 Ivi, p.32.

compenso che sia nobile, espressivo e, soprattutto, *estremamente* intelligente"[82].

Il protagonista mostra una grande consapevolezza di sé, del proprio bisogno di essere accettato dagli altri e di essere simile a loro:

S'intende che odiavo tutti gli impiegati della nostra cancelleria, dal primo all'ultimo, e li disprezzavo tutti, ma nello stesso tempo in qualche modo li temevo. Capitava che a un tratto li giudicassi perfino superiori a me. [...] Ma, sia che li disprezzassi, sia che li giudicassi superiori a me, dinanzi a quasi tutti quelli che incontravo abbassavo gli occhi. [...] Avevo un morboso timore di essere ridicolo e perciò ero servilmente conformista in tutto ciò che riguardava l'esteriorità; con amore seguivo il binario comune e con tutta l'anima aborrivo qualsiasi eccentricità[83].

Come ogni evitante che si rispetti, costui si rifugia in attività solitarie, che gli permettono di sfuggire momentaneamente alla realtà ma che, comunque, non colmano il suo vuoto interiore:

In generale sono sempre stato solo. A casa, in primo luogo, prevalentemente leggevo. Avevo voglia di soffocare con le sensazioni esterne tutto quel che ribolliva incessantemente dentro di me. E la lettura era l'unica, fra le sensazioni esterne, che mi fosse accessibile. La lettura, naturalmente, aiutava molto: emozionava, deliziava e tormentava. Ma a volte annoiava terribilmente[84].

Passeggiando tra la gente, cede spesso il passo a qualcun altro, sta bene attento a non essere d'intralcio, preoccupandosi del proprio aspetto e sentendosi umiliato a causa della propria

---

82 Ibidem.
83 Ibidem.
84 Ivi, p. 36.

diversità. Talvolta il disagio sfiora quasi il panico, che viene sedato solo nella solitudine:

> Io avevo la pazienza di star seduto accanto a quella gente come uno scemo anche per quattro ore di seguito, ad ascoltarli, senza osare né saper intavolare alcuna conversazione con loro. Diventavo ottuso, diverse volte cominciavo a sudare, mi sentivo sull'orlo di una paralisi. [...] Rincasato, accantonavo per qualche tempo il mio desiderio di abbracciare tutta l'umanità[85].

Si rimprovera severamente gli insuccessi sul lavoro e li ritiene causa del presunto disprezzo altrui, così come l'abbigliamento e l'aspetto, "che ai loro occhi costituiva un'insegna della mia inettitudine e del mio scarso valore"[86].

Riconosce di non riuscire a socializzare con la stessa facilità con cui lo fanno gli altri e, nelle rare occasioni in cui deve incontrare qualcuno, si preoccupa di cosa questi penserà:

> L'essenziale, pensavo, era non arrivare per primo, altrimenti avrebbero pensato che non stavo in me dalla contentezza[87].

Inoltre manifesta anche fantasie di rivalsa narcisistica:

> Nell'estremo parossismo della mia febbre codarda sognavo di avere il sopravvento, di conquistarli, affascinarli, costringerli ad amarmi[88].

Infine, ha un atteggiamento di disprezzo e superiorità nei confronti di Liza, la prostituta conosciuta in un postribolo, ma anche da lei si sente deriso. La stessa Liza ha un ruolo nelle sue

---

85 Ivi, p. 45.
86 Ivi, p. 46.
87 Ivi, p. 52.
88 Ivi, p. 53.

fantasie di rivalsa: lui immagina di salvarla dalla sua condizione e che lei, riconoscendolo come suo salvatore, se ne innamorerà, lo sposerà e vivranno felici per sempre.

3.6 Frozen[89]

Qualcuno[90] ha attribuito disturbi psichiatrici perfino alle principesse Disney. In particolare a Elsa, protagonista di *Frozen*, viene attribuita una sociofobia in comorbilità con il DEP – che viene citato solo al termine dell'articolo –, data l'assenza o la recisione anche dei rapporti più intimi e profondi, come quello con i familiari.

Elsa ha il potere di trasformare in ghiaccio tutto quello che tocca, e inizialmente questo non costituisce un problema per lei. Tuttavia, a seguito di un incidente in cui ferisce senza volerlo la sorella Anna, Elsa comincia a sentirsi colpevole e sbagliata, e in più i genitori decidono di tenerla il più possibile lontana dalle persone, compresa la sorellina, confinandola in una stanza. Elsa impara dunque a stare lontano dalle persone, a tenere nascoste le sue debolezze e i suoi fallimenti, a evitare di mostrare agli altri i lati di sé percepiti come difettosi e la sua incapacità di rispondere alle aspettative.

Dopo la morte dei genitori Elsa, ormai cresciuta, viene incoronata regina, ma ad entusiasmarsi è Anna, mentre lei riesce solo a pensare alla propria inadeguatezza.

Durante i festeggiamenti, le due sorelle hanno una discussione, durante la quale Anna – evidentemente ferita dai lunghi anni di separazione dalla sorella, seppur dentro lo stesso castello – accusa Elsa di non capire niente dell'amore, dal momento che sa solo tenere lontane le persone.

Quando Elsa perde la calma, perde anche il controllo sui

---

89 Buck C., Lee J. (2013), *Frozen*, USA: Walt Disney.
90 http://lefiabesecondofreud.altervista.org/elsa-la-sociofobia/

poteri, che vengono così rivelati sotto gli occhi di tutti. Tali avvenimenti mettono bene in evidenza la sua debolezza e la fanno sentire ormai irrimediabilmente sbagliata e inadeguata. Elsa scappa via dalla festa e trova una serenità nella totale solitudine tra i ghiacci, dove costruisce coi suoi poteri un castello adeguato alle sue esigenze e può essere se stessa senza il timore dei giudizi altrui.

CONCLUSIONI

La ricerca necessaria per lo sviluppo del presente lavoro è stata particolarmente difficoltosa, spesso infruttuosa: pare infatti che a occuparsi del Disturbo Evitante di Personalità siano stati davvero in pochi. I testi specifici sull'argomento sono rari e mai tradotti in Italiano. Si trovano invece senza alcuna difficoltà testi specifici sul Disturbo Borderline di Personalità o – meno facilmente ma pur sempre senza particolari problemi – sul Disturbo Narcisistico di Personalità.

I DDP sono ovviamente molti di più, ma si ha quasi l'impressione che basti trattare gli altri solo di traverso, mentre ci si occupa di quelli che meritano davvero attenzione. Per fortuna, esistono alcuni testi più generici in cui tutti i DDP vengono trattati con la stessa attenzione, uno per uno, ed è da questo tipo di testi che sono riuscita a trarre informazioni sufficienti per il primo capitolo della mia ricerca.

Reperire materiale, anche in Italiano, per il secondo capitolo sul fenomeno Hikikomori è stato più semplice: esiste infatti un sito internet[91] dedicato specificamente e ufficialmente all'argomento, così come esistono testi che se ne occupano, non solo tradotti ma anche scritti da Italiani. Sembra quindi che perfino un fenomeno diffuso prevalentemente in Giappone goda, in Italia, di una maggiore considerazione rispetto a un Disturbo di Personalità che è, per forza di cose, diffuso in tutto il mondo.

---

91 http://www.hikikomoriitalia.it

Infine, scrivere il terzo capitolo è stato per me molto interessante e coinvolgente, visto il mio interesse per la lettura e per il cinema. I personaggi che ho citato sono la rappresentazione di quello che era il mio obiettivo, ovvero mettere in luce come il Disturbo Evitante sia poco conosciuto e, nella maggior parte dei casi, trattato come se fosse un altro disturbo. Tutti i personaggi presi in causa, infatti, sono protagonisti delle loro storie; non si tratta mai di personaggi secondari. Ciò indica come il Disturbo Evitante di Personalità, evidentemente, goda a volte di una considerazione tale da poter essere fatto oggetto di narrazione.

Eppure, in nessuna delle opere citate viene mai nominato non solo il DEP, ma nessun Disturbo di Personalità, spesso nessun disturbo in assoluto. Nei pochi casi in cui se ne parla, è sempre Depressione. Il che può essere legittimo, dal momento che i due disturbi sono non di rado correlati, ma ciò non toglie che si tratti di due disturbi distinti e che, mentre il nome dell'uno è sulla bocca di tutti, spesso anche a sproposito, quello dell'altro viene accolto, nella gran parte dei casi, con una domanda: *che cos'è?*

L'AUTRICE

Agata Privitera è nata e vive a Catania. Ha studiato Scienze della Formazione e si diletta a studiare diverse lingue straniere. È amministratrice del blog letterario *Leggersi*, della pagina Facebook *Wolenboeken quotes – Citazioni letterarie* e del profilo Instagram @wolenboeken.

Ha pubblicato i romanzi *Silenzio* (Besa Editrice) e *La peggior fortuna* (Edizioni Akkuaria) con lo pseudonimo di Sole, e *Fratelli* (Amazon Self Publishing) col suo nome di battesimo.

Via dalla pazza folla è il suo primo saggio.

BIBLIOGRAFIA

Alnaes R., Torgersen L. (1997), Personality and personality disorders predict development and relapses of major depression. In: «Acta Psychiatrica Scandinavica», 95, pp. 336-342.

American Psychiatric Association (2013), *Diagnostic and Statistical Manual of Mental Disorders, (DSM-5),* V ed. Washington DC: APA Press (Trad. it., *Manuale diagnostico e statistico dei disturbi mentali*, V edizione. Varese: Raffaello Cortina, 2014).

Bartolomeo C., Improta E. (2011), Hikikomori e manga: un modo di essere nel-mondo e un modo di "aver cura"? In: Sagliocco G. (a cura di), *Hikikomori e adolescenza. Fenomenologia dell'autoreclusione.* Milano-Udine: Mimesis.

Bartolomeo C., Improta E. (2011), Domande, idee ed esperienze a confronto. In: Sagliocco G. (a cura di), *Hikikomori e adolescenza. Fenomenologia dell'autoreclusione.* Milano-Udine: Mimesis.

Bower G.H. (1981), Mood and memory. In: «American Psychologist», 31, pp. 129-148.

Ciuferri M.G., Mancini F. (2011), Esperienze terapeutiche con adolescenti che si isolano. In: Sagliocco G. (a cura di), *Hikikomori e adolescenza. Fenomenologia dell'autoreclusione.* Milano-Udine: Mimesis.

Conti L., Semerari A. (2003), Linee generali di trattamento dei Disturbi di Personalità. In: G. Dimaggio, A. Semerari (a cura di), *I disturbi di personalità Modelli e trattamento* (pp. 77-104). Bari: Laterza.

Cunningham M. (1999), *The Hours*, Londra: Fourth Estate Ltd (Trad. it., *Le ore*. Milano: Bompiani, 2004).

Dahl A.A. (1996), The relation between social phobia and avoidant personality disorder, workshop report 3. In: «International Clinical Psychopharmacology», 11, 3, pp. 109-122.

Dimaggio G., Procacci M., Semerari A. (1999), Deficit di condivisione e di appartenenza. In: A. Semerari (a cura di), *Psicoterapia cognitiva del paziente grave. Metacognizione e relazione terapeutica* (pp. 231-280). Milano: Raffaello Cortina.

Dimaggio G., Semerari A. (2003), Il mantenimento dei Disturbi di Personalità: un modello. In: G. Dimaggio, A. Semerari (a cura di), *I disturbi di personalità Modelli e trattamento* (pp. 5-42). Bari: Laterza.

Donat D. (1995), Use of the MCMI-III in Behavior Therapy. In: P.D. Retzlaff (a cura di), *Tactical Psychotherapy of the Personality Disorders An MCMI-III-Based Approach*. Boston: Allyn and Bacon.

Dostoevskij F. (1864), *Записки из подполья*, San Pietroburgo: Epoch (Trad. it., *Memorie dal sottosuolo*, edizione ebook. Milano: Mondadori, 2015).

Ellison J., Adler D. (1990), A Strategy for the Pharmacotherapy of Personality Disorders. In: D. Adler (a cura di), *Treating Personality Disorders*. San Francisco: Jossey-Bass.

Fossati A. (2002), Evoluzione, personalità, psicopatologia. In: C. Maffei, M. Battaglia, A. Fossati (a cura di), *Personalità, sviluppo e psicopatologia* (pp. 97-149). Roma-Bari: Laterza.

Gemelli M., Pastore C. (2011), Hikikomori, fiori di ciliegio, cerchi nel grano. In: Sagliocco G. (a cura di), *Hikikomori e adolescenza. Fenomenologia dell'autoreclusione*. Milano-Udine: Mimesis.

Griego F., Vivard E. (2011), Altre segregazioni o dell'adolescenza attempata. In: Sagliocco G. (a cura di), *Hikikomori e adolescenza. Fenomenologia dell'autoreclusione*. Milano-Udine: Mimesis.

Iero L., Di Pietro E., Franzoni E. (2012), Disturbi del carattere e della personalità. In: M. Ruggieri, E. Franzoni, *Neurologia e Psichiatria dello Sviluppo* (pp. 375-385). Vaprio d'Adda (MI): Elsevier.

Lalla C. (1999), La promozione della funzione metacognitiva attraverso l'uso delle tecniche cognitive standard. In: A. Semerari (a cura di), *Psicoterapia cognitiva del paziente grave. Metacognizione e relazione terapeutica*. Milano: Raffaello Cortina.

Lissner C. (2003), *Carrie Pilby*, Toronto: Harlequin Enterprises (Trad. it., *Lo strano mondo di Carrie Pilby*, Milano, Harlequin Mondadori, 2003).

Millon T. (1991), Avoidant personality disorder: a brief review of issues and data. In: «Journal of Personality Disorders» 5, pp. 353-362.

Perris C. (1993), *Psicoterapia del paziente difficile*. Lanciano Métis.

Procacci M., Magnolfi G. (1996), Il disturbo di evitamento di personalità: modello clinico e trattamento. In: «Psicoterapia Cognitiva e Comportamentale», 2, 3, pp. 67-79.

Procacci M., Petrilli D., Dimaggio G. (2003), Il trattamento del Disturbo Evitante di Personalità. In: G. Dimaggio, A. Semerari (a cura di), *I disturbi di personalità Modelli e trattamento* (pp. 326-359). Bari: Laterza.

Procacci M., Popolo R. (2003), Il Disturbo Evitante di Personalità: il dolore di non appartenere. In: G. Dimaggio, A. Semerari (a cura di), *I disturbi di personalità Modelli e trattamento* (pp. 295-325). Bari: Laterza.

Procacci M., Semerari A. (1998), Il senso di non appartenenza e non condivisione in alcuni disturbi di personalità: modello clinico e intervento terapeutico. In: «Psicoterapia», 12, pp. 39-49.

Ricci C. (2008), *Hikikomori: adolescenti in volontaria reclusione*. Milano: Franco Angeli.

Ricci C. (2011), L'esperienza antropologica giapponese. In: Sagliocco G. (a cura di), *Hikikomori e adolescenza. Fenomenologia dell'autoreclusione*. Milano-Udine: Mimesis.

Sagliocco G. (a cura di, 2011), *Hikikomori e adolescenza. Fenomenologia dell'autoreclusione*. Milano-Udine: Mimesis.

Sutherland S., Frances A. (1996), Avoidant Personality Disorder. In: G. Gabbard, S. Atkinson (a cura di), *Synopsis of Treatment of Psychiatric Disorders*, II ed. Washington DC: American Psychiatric Press.

Trojano G. (2011), Hikikomori e doppia diagnosi. Fenomenologia e psicopatologia di due presenze ai limiti della vita. In: Sagliocco G. (a cura di), *Hikikomori e adolescenza. Fenomenologia dell'autoreclusione*. Milano-Udine: Mimesis.

SITOGRAFIA

http://www.hikikomoriitalia.it

http://lefiabesecondofreud.altervista.org/elsa-la-sociofobia/

INDICE DEI FILM

Améris J.P. (2011), *Les émotifs anonymes*. Francia, Belgio: Lucky Red (Trad. it., *Emotivi anonimi*).

Buck C., Lee J. (2013), *Frozen*, USA: Walt Disney.

Jeunet J.P. (2001), *Le Fabuleux destin d'Amélie Poulain*. Francia: Bim (Trad. it., *Il favoloso mondo di Amélie*).

Printed in Great Britain
by Amazon